AF253518

HENRI V

JUGÉ PAR LUI-MÊME

PARIS | VERSAILLES
Chez V. PALMÉ | Chez BERNARD
25, rue de Grenelle-Saint-Germain. | 9, rue de Satory.

JUIN 1871

Qui, mieux que Henri V, nous dira ce qu'il pense, ce qu'il veut, ce qu'il espère ? Qui nous peindra en termes plus vrais et plus saisissants ses sentiments pour la France, son désir de la voir grande, libre, prospère, son ardeur de la servir, son soin jaloux de ses intérêts, son absolu dévouement à son bonheur ? Qui nous dira, en un langage plus ferme, plus digne, plus sincère, plus éloquent, plus ROYAL en un mot, tout ce que la France peut attendre de l'auguste descendant de nos rois, du petit-fils de saint Louis, de Henri IV et de Louis XIV, ayant *dans la main la vieille épée de la France*, et *dans la poitrine ce cœur de* ROI *et de* PÈRE que le Pays ne connaît point encore, mais qu'il doit apprendre à connaître, à apprécier, osons le dire, à aimer, pour son repos, pour sa prospérité, pour sa grandeur, *pour son* SALUT ?

Que le Pays entende et qu'il comprenne ! C'est notre vœu de Français et de patriote.

22 mai 1871.

I

CE QUE HENRI V NE SERA PAS

Henri V ne sera pas le Roi de l'ancien régime.

« Dépositaire du principe fondamental de
« la monarchie, je sais que cette monarchie
« ne répondrait pas à tous les besoins de la
« France, *si elle n'était en harmonie avec son*
« *état social, ses mœurs, ses intérêts*, et si la
« France n'en reconnaissait et n'en acceptait
« avec confiance la nécessité. Je respecte
« mon pays autant que je l'aime. »

(23 janvier 1851.)

Henri V ne sera pas le Roi des classes privilégiées.

« Partout et toujours je me suis montré
« accessible à tous les Français, *sans dis-*
« *tinction de classes et de conditions.* Com-
« ment pourrait-on me soupçonner de ne
« vouloir être que le Roi d'une caste privi-
« légiée, ou, pour employer les termes dont
« on se sert, le Roi de l'ancien régime, de
« l'ancienne noblesse, de l'ancienne cour? »

(22 décembre 1850.)

Henri V ne sera pas le Roi du clergé.

« Nul doute que je ne sois disposé à lais-
« ser à l'Eglise la liberté qui lui appartient,
« et qui lui est nécessaire pour le gouver-
« nement et l'administration des choses spi-
« rituelles, et à m'entendre constamment
« pour cela avec le Saint-Père. Mais, de leur

« côté, les évèques et tous les membres du
« clergé ne sauraient éviter avec trop de
« soin de mêler la politique à l'exercice de
« leur ministère sacré, et de s'immiscer
« dans les affaires qui sont du ressort de
« l'autorité temporelle, ce qui n'est pas
« moins contraire à la dignité et aux intérêts
« de la religion elle-même qu'au bien de
« l'Etat. »

(20 mai 1857.)

Henri V ne sera pas le Roi d'un parti.

« Si jamais la Providence m'ouvre les
« portes de la France, je ne veux pas être
« le Roi d'une classe ni d'un parti, mais le
« *Roi de tous*. Le mérite et les services se-
« ront les seules distinctions à mes yeux. »

(26 août 1844.)

« J'appelle tous les dévouements, tous
« les esprits éclairés, toutes les âmes géné-

« reuses, tous les cœurs droits, dans quel-
« ques rangs qu'ils se trouvent et sous quel-
« que drapeau qu'ils aient combattu jus-
« qu'ici, à me prêter l'appui de leurs lumières,
« de leur bonne volonté, de leurs nobles et
« unanimes efforts pour sauver le pays, as-
« surer son avenir, et lui préparer, après
« tant d'épreuves, de vicissitudes et de mal-
« heurs, de nouveaux jours de gloire et de
« prospérité... »

(22 décembre 1850.)

« *Je ne suis point un parti, et je ne veux*
« *pas revenir pour régner par un parti.* Je
« n'ai ni injure à venger, ni ennemis à écar-
« ter, ni fortune à refaire, sauf celle de la
« France ; et je puis choisir partout les ou-
« vriers qui voudront loyalement s'associer
« à ce grand ouvrage. »

(8 mai 1871.)

Henri V ne sera pas l'ennemi des vrais principes de 1789.

« *L'égalité devant la loi, la liberté de cons-*
« *cience, le libre accès pour tous les mérites à*
« *tous les emplois, à tous les honneurs, à tous*
« *les avantages sociaux,* tous ces grands
« principes d'une société éclairée et chré-
« tienne me sont chers et sacrés comme à
« vous, comme à tous les Français. »

(A Berryer, 23 janvier 1851.)

« Je n'ai rien à ajouter aux nombreuses
« manifestations que j'ai faites de mes dis-
« positions. Elles sont toujours les mêmes
« et ne changeront jamais. Exclusion de
« tout arbitraire ; le règne et le respect des
« lois ; l'honnêteté et le droit partout ; *le*
« *pays sincèrement représenté, votant l'impôt*
« *et concourant à la confection des lois; les*
« *dépenses sévèrement contrôlées ; la pro-*
« *priété, la liberté individuelle et religieuse*

« *inviolables et sacrées*, l'administration com-
« munale et départementale sagement et
« progressivement décentralisées ; le libre
« accès pour tous aux honneurs et avanta-
« ges sociaux, telles sont à mes yeux les
« véritables garanties d'un bon gouverne-
« ment, et tout mon désir est de pouvoir,
« un jour, me dévouer tout entier à l'établir
« en France. »

(12 mars 1856.)

Henri V ne sera ni dédaigneux des gloires du passé, ni oublieux des services rendus.

« J'apprécie tous les services qui ont été
« rendus à la Patrie, je tiens compte de tout
« ce qui a été fait à différentes époques pour
« la préserver des maux extrêmes dont elle
« était et dont elle est encore menacée. »

(22 décembre 1850.)

« Ma sympathique reconnaissance est ac-
« quise à ce qui s'est fait par la France, *à*
« *toutes les époques,* de bon, d'utile et de
« grand. »

(5 février 1857.)

———

Henri V ne sera pas l'ennemi des réformes utiles.

(Ici il faudrait citer ces belles et fortes pages
sur la décentralisation, sur la liberté de l'enseignement, sur les classes ouvrières, sur le com-
merce et l'industrie, sur l'agriculture, écrites de
1862 à 1869, et qui ont été publiées récemment
tout au long dans le recueil des lettres du prince,
et par extraits dans la brochure *Henri V et la
monarchie traditionnelle.*)

———

II

CE QUE HENRI V SERA

Henri V sera le restaurateur de la Religion.

« Une nation chrétienne ne peut pas im-
« punément déchirer les pages séculaires de
« son histoire, rompre la chaîne de ses tra-
« ditions, inscrire en tête de sa constitution
« la négation des droits de Dieu, bannir toute
« pensée religieuse de ses codes et de son
« enseignement public. »

(8 mai 1871.)

« La liberté de l'Église est la première
« condition de la paix des esprits et de l'or-
« dre dans le monde. Protéger le Saint-Siége
« fut toujours l'honneur de notre patrie et la

« cause la plus incontestable de sa grandeur
« parmi les nations. Ce n'est qu'aux époques
« de ses plus grands malheurs que la France
« a abandonné ce glorieux patronage. »

(8 mai 1871.)

Henri V sera le restaurateur de l'ordre public.

« Hors de la monarchie héréditaire, il n'y
« a ni repos, ni grandeur, ni prospérité du-
« rable pour le pays, condamné par une né-
« cessité fatale à passer incessamment de la
« licence à l'oppression, de l'anarchie au
« despotisme. »

(28 février 1852.)

« Croyez-le bien, je serai appelé, non-seu-
« lement parce que je suis le droit, mais
« parce que je suis l'ordre ; parce que je suis
« la réforme ; parce que je suis le fondé de
« pouvoir nécessaire pour remettre en sa

« place ce qui n'y est pas, et gouverner avec
« la justice et les lois, dans le but de réparer
« les maux du passé et de préparer enfin un
« avenir. »

(8 mai 1871.)

Henri V sera le restaurateur de la morale publique.

« L'honnêteté ! l'honnêteté qui n'est pas
« moins une obligation dans la vie publique
« que dans la vie privée ! l'honnêteté qui fait
« la valeur morale des États comme des par-
« ticuliers ! »

(9 décembre 1866.)

« Pour la monarchie traditionnelle, gou-
« verner, c'est s'appuyer sur les vertus de la
« France, c'est développer tous ses nobles
« instincts ; c'est travailler sans relâche à lui
« donner ce qui fait les nations grandes et

« respectées, c'est vouloir qu'elle soit *la pre-*
« *mière par la foi, par la puissance et par*
« *l'honneur.* »

(15 novembre 1869.)

« Ne l'oubliez pas ; c'est par le retour à ses
« traditions de foi et d'honneur, que la grande
« nation, un moment affaiblie, recouvrera sa
« puissance et sa gloire. »

(Manifeste du 9 octobre 1870.)

Henri V sera le restaurateur des libertés publiques.

« Il n'y a que la monarchie restaurée sur
« la base du droit héréditaire et traditionnel
« qui, répondant à tous les besoins de la
« société telle que l'ont faite les événements
« accomplis depuis plus d'un demi-siècle,
« puisse concilier tous les intérêts, sauve-
« garder tous les droits acquis, et mettre la

« France en pleine et irrévocable possession
« de toutes les sages libertés qui lui sont
« nécessaires. »

(22 décembre 1850.)

« Français, vous voulez la monarchie,
« vous avez reconnu qu'elle seule peut vous
« rendre, avec un gouvernement régulier
« et stable, cette sécurité de tous les droits,
« cette garantie de tous les intérêts, cet ac-
« cord permanent d'une autorité forte et
« d'une sage liberté qui fondent et assurent
« le bonheur des nations. Ne vous livrez pas
« à des illusions qui tôt ou tard vous se-
« raient funestes. Le nouvel Empire qu'on
« vous propose ne saurait être cette monar-
« chie tempérée et durable dont vous atten-
« dez tous ces biens. On se trompe et on
« vous trompe quand on vous les promet en
« son nom. La monarchie véritable, la mo-
« narchie traditionnelle, appuyée sur le
« droit héréditaire et consacrée par le temps,
« peut seule vous remettre en possession de

« ces précieux avantages, et vous en .faire
« jouir à jamais. »

(*Manifeste contre l'Empire*, 25 octobre 1852.)

« Ce que je demande, vous le savez, c'est
« de travailler à la régénération du pays ;
« c'est de donner l'essor à toutes ses aspira-
« tions légitimes ; c'est, à la tête de toute la
« Maison de France, de présider à ses desti-
« nées, en soumettant avec confiance les
« actes du Gouvernement au sérieux con-
« trôle de représentants librement élus. »

(8 mai 1871.)

**Henri V sera le restaurateur de la paix
publique et de la concorde universelle.**

« C'est bien là cette *politique de concilia-
« tion, d'union, de fusion*, qui est la mienne,
« et que vous avez si éloquemment exposée :
« politique qui met en oubli toutes les divi-

« sions, toutes les récriminations, toutes les
« oppositions passées, et veut pour tout le
« monde un avenir où tout honnête homme
« se sente, comme vous l'avez si bien dit,
« en pleine possession de sa dignité person-
« nelle. »

(A Berryer, 23 janvier 1851.)

« Je répéterai ici ce que j'ai souvent dit
« à mes amis : soyez inébranlables sur les
« principes, mais en même temps soyez cal-
« mes, patients et toujours modérés et con-
« ciliants pour les personnes. Que vos rangs,
« que vos cœurs, comme le mien, restent
« constamment ouverts à tous. »

(27 avril 1852.)

« Le plus beau jour de ma vie sera celui
« où je pourrai voir tous les Français, après
« tant de dissentiments et de rivalités fu-
« nestes, rapprochés par les liens d'une vé-
« ritable fraternité ; la famille royale réunie
« autour de son chef dans les mêmes senti-

« ments de respect pour tous les droits, de
« fidélité à tous les devoirs, d'amour et de
« généreux dévouement pour la patrie ; en-
« fin la France entière, pacifiée par la récon-
« ciliation de tous ses enfants, *donner au*
« *monde le spectacle d'une concorde univer-*
« *selle, sincère, inaltérable,* qui lui permette
« encore de longs siècles de gloire et de
« prospérité. »

(Août 1848.)

« Je ne ramène que *la religion, la con-*
« *corde et la paix;* et je ne veux exercer de
« dictature que celle de *la clémence;* parce
« que dans mes mains, et dans mes mains
« seulement, la clémence est encore la jus-
« tice. »

(8 mai 1871.)

Henri V sera le défenseur de l'honneur national.

« L'histoire de mes ancêtres est l'histoire
« de la grandeur progressive de la France,
« et c'est encore la monarchie qui l'a dotée
« de cette conquête d'Alger, si riche d'ave-
« nir, si riche déjà par les hautes renom-
« mées militaires qu'elle a créées, et dont la
« gloire s'ajoute à toutes vos gloires. »

(Manifeste contre l'Empire, 25 octobre 1852.)

« Chef de l'antique race de vos rois, hé-
« ritier de cette longue suite de monarques
« qui, durant tant de siècles, ont incessam-
« ment accru et fait respecter la puissance
« et la fortune de la France, je me dois à
« moi-même, je dois à ma famille et à ma
« patrie de protester hautement contre des
« combinaisons mensongères et pleines de
« dangers. »

(Manifeste contre l'Empire, 25 octobre 1852.)

Henri V sera le défenseur des intérêts populaires.

« En présence des difficultés actuelles et
« devant le flot toujours croissant de la dé-
« mocratie, ne semble-t-il pas que, toujours
« fidèle à toutes les traditions de son glo-
« rieux passé, la royauté vraiment chré-
« tienne et vraiment française doive faire
« aujourd'hui, pour l'émancipation et la pros-
« périté morale et matérielle des classes ou-
« vrières, ce qu'elle a fait en d'autres temps
« pour l'affranchissement des communes ? »

(20 avril 1865.)

Henri V sera vraiment le Père du peuple.

« En pensant à la cherté des subsistances
« et aux justes craintes qu'elle inspire pour
« la saison rigoureuse où nous allons en-

« trer, j'ai cherché comment je pourrais con-
« tribuer au soulagement de la misère pu-
« blique. Il m'a paru que le meilleur emploi
« à faire des sommes dont je pouvais dis-
« poser, c'est de les consacrer à établir, à
« Chambord et dans les forêts qui nous ap-
« partiennent encore, des ateliers de charité
« qui, offrant aux habitants pauvres de ces
« contrées un travail assuré pendant l'hiver
« prochain, leur fournissent les moyens de
« pourvoir à leurs besoins et à ceux de leur
« famille. Je vous charge donc de prendre
« les mesures nécessaires pour l'exécution
« d'un projet que j'aimerais à voir s'étendre
« à la France entière. »

(30 octobre 1846.)

« Si la Providence m'appelle à régner un
« jour, je ne serai pas le Roi d'une seule
« classe, mais le Roi ou plutôt le PÈRE DE
« TOUS. »

(22 décembre 1850.)

« On se dira que j'ai la vieille épée de la

« France dans la main, et dans la poitrine ce
« cœur de Roi et de Père qui n'a point de
« parti. »

(8 mai 1871.)

Henri V sera l'homme de son temps.

« *Je comprends les conditions que le temps*
« *et les événements ont faites à la société ac-*
« *tuelle;* je reconnais les intérêts nouveaux
« qui, de toutes parts, se sont créés en
« France, et le rang social que se sont légi-
« timement acquis l'intelligence et la capa-
« cité. Si la Providence m'appelle sur le
« trône, je prouverai, je l'espère, que je
« connais l'étendue et la hauteur de mes
« devoirs. Exempt de préjugés, loin de me
« renfermer dans un esprit étroit d'exclu-
« sion, je m'efforcerai de faire concourir *tous*
« *les talents, tous les caractères élevés, toutes*
« *les forces intellectuelles de tous les Français*
« à la prospérité et à la gloire de la France. »

(5 octobre 1848.)

Henri V sera par excellence l'homme du devoir et du dévouement.

« Si la France, lasse enfin de toutes ses
« expériences qui n'aboutissent qu'à la te-
« nir perpétuellement suspendue sur un
« abime, tourne vers moi ses regards et pro-
« nonce elle-même mon nom comme un
« gage de sécurité et de salut, comme la
« garantie véritable des droits et de la li-
« berté de tous, qu'elle se souvienne alors
« que mon bras, que mon cœur, que ma
« vie, que tout est à elle, et qu'elle peut
« toujours compter sur moi ! »

(1er juin 1848.)

« Mes devoirs envers la France seront
« toujours la règle essentielle de ma con-
« duite. Tout ce qui peut contribuer à la
« sécurité, au bonheur, à la gloire de notre
« pays, je suis prêt à l'accomplir sans hési-
« tation, sans arrière-pensée. Tous les évé-

« nements passés disparaissent pour moi
« en présence des hauts intérêts de la
« France, qu'il s'agit de sauver au bord
« d'un effroyable abîme. »

(5 octobre 1848.)

Et maintenant qu'ajouterions-nous aux paroles de Henri V ? Que pourrions-nous dire de plus pour confondre ses calomniateurs et désarmer les adversaires de la monarchie héréditaire ?

Vous prétendez que Henri V ramènera l'ancien régime, la dîme, les droits féodaux, les priviléges, les faveurs, l'arbitraire, le bon plaisir, le règne du clergé, la domination d'un parti, les abus du passé, la monarchie absolue, les proscriptions et les rancunes, que sais-je encore?

Nous avons démontré, au contraire, que Henri V est partisan de l'égalité devant la loi, de la liberté de conscience, de toutes les libertés publiques, qu'il veut régner par tous et avec tous, en mettant la monarchie traditionnelle en harmonie avec l'état social et les mœurs de la France ; en s'entourant de tous les Français sans distinction de classes et de conditions ; en séparant la religion de la politique ; en travaillant à refaire la fortune de la France, n'ayant point à songer à la sienne ; en tenant compte des services rendus au pays à toutes les époques ; en ramenant, avec la Religion, l'ordre, la paix, la prospérité, la liberté, l'honnêteté ; en voulant que la France soit *la première par la foi, par la puissance et par l'honneur;* en inscrivant en tête de son programme l'*union*, la *conciliation*, la *concorde*, et ne voulant *exercer de dictature que celle de la clémence*, car dans ses mains, comme il vient de nous le dire si royalement, *la clémence est encore la justice ;* en nous rendant nos traditions nationales d'honneur, de droiture, de loyauté, et d'un revers de son sceptre, sans même avoir besoin de toucher à la *vieille épée de la France,* si bien placée pourtant dans sa main, renversant bientôt ce fragile échafaudage d'un traité imposé par la violence heureuse, abusant de la faiblesse trahie et lâchement abandonnée ; en nous montrant enfin ce que c'est

qu'un Roi de France, à savoir l'homme de la
nation, l'homme de la loi, l'homme du devoir,
l'homme du dévouement, et par cela même
l'homme des grandes restaurations et des solen-
nelles réparations.

LIVRES D'ACTUALITÉ ET DE PROPAGANDE

AUX MÊMES LIBRAIRIES :

Henri V et la Monarchie traditionnelle, brochure in-18 de 120 pages. — Prix **30** cent., par poste **40** cent., les 13/12 **3** fr., et par poste **4** fr.

Monarchie et République, brochure in-18 de 36 pages. — Prix **10** cent., par poste **15** cent., la douzaine **1** fr., par poste **1** fr. **50**, le cent **7** fr. **50**, par poste **10** fr.

Lettre de Henri V à un Membre de l'Assemblée nationale (8 mai 1871), le cent **1** fr., par poste **1** fr. **50**, le mille **8** fr. **50**, par poste **12** fr.

La Légitimité et le Progrès, par un économiste, in-8 de 200 pages. — Prix **2** fr., par poste **2** fr. **25**.

Hier, Aujourd'hui, Demain, par M. Henri de L'ÉPINOIS, brochure in-8 raisin de 84 pages. — Prix par poste **1** fr. **50**.

Le Lendemain de la Victoire, Vision prophétique, par Louis VEUILLOT, un beau volume in-18 jésus. — Prix par poste **2** fr.

Dieu et les malheurs de la France, par le P. CAUSSETTE, in-8 de 200 pages. — Prix par poste **2** fr.

Le grand Pape et le grand Roi, *dernier mot des Prophéties*. — 1 vol. de 180 pages. — Prix **75** cent., par poste **90** cent.

————

Prix : 15 c.; les 13/12, 1 fr. 50; le cent, 10 fr.

Franco PAR POSTE.

Le Mans. — Typ. Ed. Monnoyer, place des Jacobins, 12.